My Little Book
Of
Cebuano Visayan

2nd Edition Expanded

By Alfonso Borello

Acknowledgements

Special thanks to language specialist Paz Meman and Prof. John Wolff at Cornell University Center for Asian Studies for their invaluable work. Without them, this book wouldn't have been possible.

This book will teach you how to speak Cebuano.

Leksyon 1: Meeting people

Si Monica ug si Jane nagkita sa plasa.

Nagdala si Jane ug basket.

Nagdala si Monica ug sulat.

Asa man ka Jane?

Sa merkado, ikaw?

Sa post office.

Tagpila kini?

Abaa! Kamahl!

Barato na kana.

Way hangyo?

Pwede/duna.

Translation and Grammar Notes

Si Monica ug si Jane nagkita sa plasa. (1)

Monica and Jane met in the plaza.

> **Ug** (and) or **Og** is a
>
> coordinating conjuction to
>
> combine two or more
>
> independent clauses sharing
>
> identical elements; also, it's a
>
> particle showing grammatical
>
> relation between two forms.

Ug (and) is a coordinating conjuction to combine two or more independent clauses sharing identical elements; also, it's a particle showing grammatical relation between two forms. *Mipalit siya **ug** libru. He bought a book.* It can be used to mark the possesor. i.e.: *Anak **ug** hai. The son of a king.* It can be a linker for qualifying phrases. *Tingali **ug** muanhi siya ugma. Perhaps* *he will come tomorrow.* It can link alternative such as OR. *Prituhun **ug** tulahun. Deep fried or stewed.*

Nagdala si Jane ug basket. (2)

Jane is carrying a basket.

Nagdala si Monica ug sulat. (3)

Monica is carrying a letter.

Affixes are added to verbs, sometimes called inflectional affixes. They have three tenses: past, future, and subjunctive. Plus they have four voices: active, local passive, instrumental passive, and direct passive; and two modes: potential and non-potential. The two modes are punctual and durative.

1. Si Monica ug si Jane **nagkita** sa plasa.
2. **Nagdala** si Jane ug basket.
3. **Nagdala** si Monica ug sulat.

In this case, *nag* is either a past tense or a present progressive. *Asa ka (**nag**)puyo sa Amerika? Where do you live in America? (Puyo: live) Asa ka (**nag**)trabaho? Where do you work? (Trabaho: work).*

Asa man ka, Jane?

Where are you going, Jane?

Sa merkado, ikaw?

To the market, (and) you?

Sa post office.

To the post office.

Tagpila kini?

How much is it?

Abaa! Kamahal!

Expensive!

---

baa has no translation, an indication of disapproval. **Aba**, indicates surprise: *Aba! Nakadaugku. My! I won!*

Barato na kana.

That's cheap.

Way hangyo?

Can I get (is there) a discount?

Pwede/Duna.

You may.

Leksyon 2: Greetings

Maayong buntag!

Maayong hapon!

Maayon gabii!

Kumusta ka?

Maayo, ikaw?

Asa ka?

Palihog.

Diha lang.

Sige.

Magkita na lang ta.

Babay.

Translation and Grammar Notes

Maayong buntag!

Good morning!

Notice the linker/modifier NG between the adjective ang the noun. Maayo plus the linker NG and the noun buntag.

Maayong hapon!

Good afternoon!

Maayong gabii!

Good evening!

Kumusta ka?

How are you?

The *u* sometimes changes to *a*. Kumusta is also kamusta, colloquial. Notice the personal pronoun KA, short for ikaw. It may occur anywhere in the sentence but never at the beginning.

Maayo. Ikaw?

Fine, (and) you?

Asa ka?

Where are you going? (Going where?)

Asa, where. Action not begun, future. *Asa ka muiskuyla? Where will you go to school? Asa kang siniha mutanaw? Which movie will you to see?*

Palihog. Palihug, colloquial.

Please.

Diha lang.

Somewhere.

Sige.

Ok.

E is often written *i: sige or sigi. Var.: Sige kuno! Okay.*

Magkita na lang ta.

I'll see you.

> The **mag** suffix is to indicate
>
> subjunctive.

Notice the **mag** suffix to indicate subjunctive. There's no actual verb here: **mag**-kita. Kita means I to you. To see, is understood.

Babay.

Goodbye.

Leksyon 3: Asking for things

Unsa kini?

Unsa kana?

Kinsa kana?

Unsa ang flower sa Cebuano?

Unsa imong ngalan?

Magsasulti ka ba ug Ingles?

Gamay lang.

Naa ba'y telepono dinhi?

Duna, usa lang.

Dinha lang.

Kinsa siya?

Wa ko kahibalo.

Asa si Robert?

Translation and Grammar Notes

Unsa kini?

What is it?

The dialectal form of **unsa,** what, is **anu,** or **an-un** for
unsaun. Unsa and **asa** (where) also mean (which). *Unsa
ang maistru sa Cebuano? What's teacher in Cebuano?*

Unsa and **asa** (where) also

mean (which).

Unsa kana?

What is that?

Kinsa kana?

Who is that?

Á, unsa ang flower sa Cebuano?

Um, what's flower in Cebuano?

Á, rarely accented on publications, is used as a pause, a particle, before the sentence. **Ang** is called a marker equivalent to the determiner **The**; it can also be a prep.

Unsa imong ngalan?

What's your name?

The **g** in **ngalan** is silent.

Magsasulti ka ba ug Ingles?

Can you speak English?

Ba: particle used to turn a sentence into a question. You can simply add **ba** when asking a question, and it has no translation. You can also turn a sentence into a question by raising the intonation of the last word.

Also notice that **English** is sometimes written **Ingles,** as in Spanish.

Gamay lang.

A little.

Lang means **just**. **Gamay** also translates **small**.
*Ambiti kug **gamay**. Let me have a small share.*

Naa ba'y telepono dinhi?

Is there a telephone here?

There's no letter **f** in the Filipino alphabet. *Pilipino ako. I'm Filipino.* Notice the personal pronoun KO short for ako. Used anywhere except at the beginning of the sentence.

Duna, usa lang.

There's one.

Dinha lang.

Just there.

Kinsa siya?

Who is he/she?

Wa ko kahibalo.

I don't know.

Asa si Robert?

Where 's Robert.

S i is a particle always added before a person's name. No translation per se. *Ako si Mario. My name's Mario.* Si, also short for the personal pron. Siya or Sila. Also muttered to drive away dogs and cats. Si, also yes for people influenced by Chavacano in certain area esp. Zamboanga.

Si is a particle always added

before a person's name.

Leksyon 4: Simple conversation

Salamat.

Way sapayan.

Mahimong mangutana?

Pasensya na.

Tabi?

Palihog.

Gusto ko kini.

Diko gusto ug coffee.

Kinahanglan ko ug papel.

Mas gusto ko ug Coke kaysa Pepsi.

Sagdi lang/Way bale.

Sakit aug akong ulo..

Kapoy ko.

Asa man aug kasilyas, bay?

Nabuyud ko.

Kinahanglan ko ug doktor.

Translation and Grammar Notes

Salamat.

Thank you.

Way sapayan.

You're welcome.

Mahimong mangutana?

May I ask you something?

Mahimo, can, may, could, might, is more formal than **pwede**. *Mahimo nga motan-aw sa iyong bakigya? Can I see your goods.* **Mahimo** *nga mohangyo? Is it possible to bargain? Wa kay* **mahimo.** *You can't do anything about it.*

Pasensya na.

Sorry.

The digraph /sy/ reads like the convention /shh/ *Sh quite!*

Tabi?

Excuse me?

Palihog.

Please.

The English equivalent, **please**, is widely used.

Gusto ko kini.

I like that.

Diko gusto ug coffee.

I don't like coffee.

The word **coffee** is widely used, sometimes you will hear

kape, instead.

G usto is similar to the Spanish, *I like*. But, back during the Spanish ruling, it was translated as *I want,* and such is the meaning.

Kinahanglan ko ug papel.

I need some paper.

> **Ug** is a particle showing
>
> relation. Sometimes added
>
> to a verb preceding a noun
>
> referring to something
>
> specific.

Ug is a particle showing relation. Sometimes added to a verb preceding a noun referring to something specific. *Di siya **muadtug** Manila. He refuses to go to Manila.* Sometimes is used preceding infinitives, replacing a prefix **pag.** *Naglisud ku **ug** saka. I had hard time going up.* There are other uses which we shall see later.

Mas gusto ko ug Coke kaysa Pepsi.

I prefer Coke to Pepsi.

Sagdi lang/Way bale.

Never mind.

Sakit ang akong ulo.

I have a headache.

Kapoy ko.

I'm tired.

Asa man ang kasilyas, bay?

Where's the bathroom, bro?

Kasilyas is often referred as **c.r.**, comfort room.

Bay. Title used colloquially between men of the same age. *Asa man ning dyipa, bay? Where's the jeep headed for, bro?*

Nabuyud ko.

I'm dizzy.

Buyud, becoming dizzy. The prefix **na** is added, **nabuyud**, to denote a state of being, but, most often attached to denote past action. *Nalipay ko nidawat kamo ug Americano. I'm glad you agreed to host an American. Nalipay ako. I'm happy. Natulog ako. I'm sleeping. For actions not yet begun the prefix **ma** is attached.*

Kinahanglan ko ug doktor.

I need a doctor.

Leksyon 5: Directions

Asa ang merkado?

Duol sa post office.

Layo ba dinhi?

Dili. Didto lang.

Duol ba?

Oo.

Ako si Mario.

Siya si Carmen/Siya si Thomas.

Unsan orasa na?

Unsang petsaha karon?

May telepono ba dinhi?

Ako/ko.

Ikaw/ka.

Siya.

Kami.

Kita.

Kamo.

Sila.

Translation and Grammar Notes

Asa ang merkado?

Where's the market?

Duol sa post office.

Close to the post office.

Layo ba dinhi?

Is it far from here?

Duol ba?

Is it near?

Oo.

Yes.

Oo is often simplified as **o**, yes.

Dili: no, negates both

knowledge and state.

Oo is often simplified as **o**, yes. **Dili**: no, negates both knowledge and state. For non-activity, **wala**, negation, is used. *Minyo ka na ba? Are you married? Wala pa. Not, still.*

Ako si Mario.

I'm Mario.

Siya si Carmen/Siya si Thomas.

She's Carmen/He's Thomas.

Unsang orasa na?

What time is it?

Unsang petsaha karon?

What's the date today?

Karon also means **now.**

May telepono ba dinhi?

Is there a telephone here?

Ako/ko.

I.

Ikaw/ka.
You. (singular)

Siya.
She/He.

Kami.
We. (excluding the listener)

Kita.
We. (including the listener)

Kamo.
You. (plural)

Sila.
They

Leksyon 6: When and what

Kinsa?

Unsa?

Anus-a/kanus-a?

Asa?

Diin?

Karon/Karon adlawa.

Gahapon.

Ganina.

Ugma.

Unya.

Gnanu?

Unsaon?

Tagpila?

Asa?

Pila?

Kang kinsa?

Translation and Grammar Notes

Kinsa?

Who?

Kinsa *may mag-ari diri sa libru? Who is going to come here to get the book?*

Unsa?

What?

Unsa *ba ni?*

What is this?

Anus-a/kanus-a?

When?

Future: **Anus-a** *a nimu dad-a? When will you bring it?*

Non future/relaxed/colloquial: **Kanus-a** *man ka muabut? When did you arrive?* **Kanus-a** *ka man mularga? When will you leave?*

Asa?

Where?

Future: *Asa ka muiskuyla? Where will you go to school?
Asa ka? Where are you going?*

Diin?

Where? (With action completed)

*Diin ka ba nga nabákang man kug pinangítà nímu? Where
have you been?*

Karon/Karon adlawa.

Now/Today.

Gahapon.

Yesterday.

Ganina.

A while ago.

Ugma.

Tomorrow.

Unya.

Late.

Nganu?

Why?

Nganung (linker ng added) gamay ku man pagkatawu?
Why are you a small person?

Unsaon?

How?

Colloquially: kumusta. *Kumusta ang imung bagbisita?*
How was your visit? Kumusta ang kundisiyun sa
masakitun? How is the patient's condition?

Tagpila?

How much is it?

Often you will hear **pila ni**? **Ni**

is short for **kini** (this).

Pila?

How much? (Quantity)

Kang kinsa...?

Whose...?

Kansa/kinsa. *Kansang (with ng linker) sulat ni? Whose letter is this? Kinsa ring lapis? Whose pensil is this?*

Leksyon 7: Days of the week

Sa Domingo.

Sa Lunes.

Sa Martes.

Sa Miyerkules.

Sa Hwebes.

Sa Bieyernses.

Sa Sabado.

Niadtong usa ka adlaw.

Niaging semana.

Niaging buwan.

Niaging tuig.

Sa sunod na adlaw.

Sunod na semana.

Sunod na buwan.

Sunod tuig.

Usahay maayo ang trabaho.

Translation and Grammar Notes

Sa Domingo. (also, Duminggu)

On Sunday.

S **a**: particle indicating grammatical relazion, in this case, time. *Muanhi **sa** Domingo. Will come on Sunday. Imbis sa **Duminggu**. Instead of Sunday.*

Sa Lunes. (also Lunis)

On Monday.

Makaari ka sa Lunis? Can you come over on Monday?

Sa Martes.

On Tuesday.

*Isda sa Lunis, isda gahapun, isda sa **Martes**. Fish on Monday, fish yesterday, fish on Tuesday.*

Sa Miyerkules. (also Myirkulis, Mirkulis)

On Wednesday.

*Lunis sa **Mirkulis**. From Monday to Wednesday.*

Sa Hwebes. (also Huybis)
On Thursday.

*Mahimu man sa **Huybis**. Dili madala ug balik ugma, Huybis pa. I cannot bring it back tomorrow, **Huybris** pa.*

Sa Biyernes. (also Birnis)
On Friday.

*Way sini run kay **Birnis** Santu. There are no movies today because it's Good Friday.*

Sa Sabado. (also Sabadu)
On Saturday.

*Mupayit si Balug karung **Sabadu**. Balug will fight this Saturday.*

Niadtong usa ka adlaw.
The day before yesterday.

Niadtong usa ka adlaw wala pa mahiuli ang amahan. *The father didn't show up the day before yesterday.*

Niaging semana.

Last week.

Also simana, miaging. *Sa **miaging** Duminggu. Last Sunday.*

Niaging buwan.

Last month.

*Nakadaug aku sa swipskik sa **niaging buwan**. I won the sweepstake last month.*

Niaging tuig.

Last year.

*Natawu siya sa **miaging tuig**. He was born last year. Sibung duha ka **tuigtuig**. Exaclty every year.*

Sa sunod na adlaw.

The day after tomorrow.

Also sunud. *Ablihag sayu ang klasi sa **sunud** na adlaw. Classe will open early the day after tomorrow.*

Sunod na semana.

Next week.

Sunod na buwan.

Next month.

Pagkaugma ba, sa **sunud na buwan**. *Come here next month.*

Sunod tuig.

Next year.

Usahay maayo ang trabaho.

Sometimes work is good.

Usahay means *sometimes,*

it's a time adverb.

Usahay, sometimes, time adverb. ***Usahay*** *maayo ang gugma, usahay gamay ra. Sometimes love is good, sometimes nothing at all.*

Leksyon 8: Chatting

Asa ka ugma?

Moadto ko sa inyong lugar/Lugar ninyo.

Moadto ko sa merkado.

Diin ka?

Kanus-a ka miabot?

Kumusta ka na?

Maayo, ikaw?

Maayo sab.

Babay.

Tagbalay?

Maayong gabii.

Uy, ikaw diay.

Dayon.

Puweden mosulod?

Lingkod, palihog.

Unsay ato?

Moinom ka ba?

Moadto na ako.

Moupali na ako.

Gabi na.

Tana.

Mag-una ko.

Ta'g usab.

Balikbalik lang.

Come again.

Salamat kayo.

Translation and Grammar Notes

Asa ka ugma?

Where are you going tomorrow?

Moadto ko sa inyong lugar.

I'm going to your place.

Moadto, var. **Muadto/u**, going. The root of the verb is adto, **mu/mo** is the punctual active verbal affix, future; **mi-** or **ni-** for past; **mu-** subjunctive. *Muadto ko sa opisina. I'm going to the office. Kun **muadto** mu sa isla, pagdala ug kunsumu. If you go to the island, bring provisions. **Muadtu** ku didtu ugma. I will go there tomorrow. **Niadtu** ku didtu gahapon. I went there yesterday. Wala ku **muadtu** didtu. I didn't go there. **Motabang** kok sa mga mag-uuma. I will be helping the farmers.*

Moadto ko sa merkado.

I'm going to the market.

Diin ka?

Where have you been?

Diin ka ianak? Where where you born? Diin ka paingun? Where did you go?

Kanus-a ka miabot?

When did you arrive?

Kumusta ka na?

How are you (already)?

*Kumain ka **na** ba? Did you eat already?*

Maayo, ikaw?

Fine and you?

Maayo sab.

Fine, also.

Sab/**Pod**, also/too. *Adimas utukan man **sab** siya. Besides, he's intelligent, too. Maayong gabii **pod**. Good evening, too.*

Tagbalay?

Anybody home (anyone)?

Tagbalay, owner of the house.

Maayong gabii.

Good evening.

Uy, ikaw diay.

Oh... it's you.

Dayon!

Come in!

Conversational: dayun. ***Dayun** lang! Come on in!*

Puweden mosulod?

May I come in?

Lingkod, palihog.

Please be seated.

Lingkud. *Nagdukut silag* **lingkud**. *They sat close to one another.*

Unsay ato?

Is there anything I can do for you?

Moinom ka ba?

Would you care for a drink?

Moadto na ako.

I'm leaving now.

Mopauli na ako.

I'm going home now.

Gabi na.

It's getting late (it's night already).

Tana.

Let's go.

Mag-una ko.

I'll go ahead.

Ta'g usab.

See you next time (again).

*Gibira na siya sa kunut piru maminyug **usab**. She's old but she's going to marry again.*

Balik-balik (lang).

Come again.

***Balikbalik** unya, do again. **Balikbalik** mu, ha? Come back and see us again, will you?*

Salamat kaayo.

Thank you very much.

Leksyon 9: Personal questions

Unsay ngalan mo?/Imong ngalan?

Unsa'y itawag nimo?

Imong edad?

Taga-diin ka?

Diin sa Amerika?

Minyo ka na?

Kinsa ang imong mga ginikanan?

Buhi pa ka ang imong mga ginikanan?

Pila igsoon nimo nga lalaki ug babaye?

Igsoon mo ba siya?

Tatay mo ba siya?

Igsoon mo ba siya?

Unsay imong trabaho?/Trabaho nimo?

Ako po si John.

Taga-London ko.

30 anyon na ako.

Doktor ako.

Nagtrabaho ako sa Medina ospital.

Magtrabaho ako dinhi sa duha ka tuig.

Translation and Grammar Notes

Unsay ngalan mo?/Imong ngalan?

What's your name?

Unsa'y itawag nimo?

How do they call you?

> The prefix (i) is to indicate the
>
> topic: thing to perform the
>
> action or person/thing acted
>
> upon.

Itawag: the root of the verb is **tawag**, call. The prefix (i) is to indicate the topic, such as the thing used to perform the action or the person or thing acted upon. It's also a prefix added to roots referring to a place or direction to form nouus, i.e. Ilalum, place below/beneath; Ilabaw, place up/above; Ilawud, place up above.

Imong eda?

How old are you?

Taga-diin ka?

Where are you from?

Taga is marker for asking questions and responding to a place of origin. *Si Carlos taga-sibu, dili tagaamu. Carlos is from Cebu', not from our place. Sa taga Sibu pisu ray dunsilya. The only virgins in Cebu are the baby chicks.*

Diin sa Amerika?

Where in the US?

Minyo ka na?

Are you married?

Kinsa ang imong mga ginikanan?

Who are your parents?

Mga, abbreviated from **manga** pron. /*Man-ha*/ indicates plurals of things that are not alike. **Sa mga:** also used a directional preposition with movement, and preceding time and measurement, about. *Mga karaan kining **mga** libru. These are all old books. Mga alas utsu. At around eight o'clock. **Mga** duha ka buwan kanhi. About two months ago. Gikuminitan **sa mga** iring ang isda. The cats crowded around on the fish to eat it.*

Buhi pa ba ang imong mga ginikanan?

Are your parents still alive?

Pila igsoon nimo nga lalaki ug babaye?

How many brothers and sisters do you have?

Nga, grammatical marker as mga, used after vowels, also **ng**. Pron. /*Nan-ha*/

Igsoon mo ba siya?

Is he your brother?

Tatay mo ba siya?
Is he your father?

Nanay mo ba siya?
Is she your mother?

Unsay imong trabaho?/Trabaho nimo?
What's your job?

Ako po si John.
I'm John.

Po indicates politeness. *Kumusta **po** kayo? How are you?*

Taga-London ko.
I'm from London.

30 anyos na ako.
I'm 30.

 **N**a, already.

Doktor ako.

I'm a doctor.

Nagtrabaho ako sa Medina ospital.

I work a Medina hospital.

Nag, affix added to verbs. In this case present tense. **Mag**, next prase, indicates future. **Mag**–follow by a dash–is also a prefix to denote 'to take a vehicle' when using words referring to trasportation. *Nagbuhat ako ug lamisa. I made a table. Maghimo kami ug a-frame. We will make an a-frame. **Mag**-dyipni ako. I will take the jeepney. **Mag**-bus ka. Take the bus.*

Magtrabaho ako dinhi sa duha ka tuig.

I will work here for two years.

Leksyon 10: More directions

Kadyot lang. Puwedeng mangutana?

Asa ang opisina?

Asa ka moadto?

Moadto ako sa opisina.

Moadto ba sa lungsod?

Duol ba ang simbahan?

Unsang lugar'ni?

Unsay ngalan niining karsadaha?

Palihog, ipakitan nako ang lugara.

Unsay sakyan nako?

Asa ko mosakay ng dyp/bus?

Asa ko manaog?

Pila man ang plete?

Mao ba 'ning lugar?

Liko sa wala unahan sa taytayan.

Liko sa tuo, diha sa kanto.

Duol sa merkado ang iya ng balay.

Naa sa atbang sa plasa ang simbahan.

Sa kilid sa munisipyo ang ospital.

Naa sa likod sa simbahan ang eskuwelahan.

Translation and Grammar Notes

Kadyot lang. Puwedeng mangutana?

Excuse me. May I ask something?

N g after puwede serves as a linker after vowels. *Unsang adlaw run? What day is it today?* On words without vowels you must use **na**,

Asa ang opisina?

Where's the office?

Asa ka moadto?

Where are you going?

Moadto ako sa opisina.

I'm going to the office.

M oadto, also muadto. Ako, also ku, conversational. *Muadto ku didtu ugma. I will go there tomorrow.*

Moadto ka sa lungsod?

Are you going to town?

Duol ba ang simbahan?

Is the church near here?

Unsang lugar 'ni?

What place is this?

L **ugar**: geographical or proper place. *Patuu. Wa ka sa **lugar**. Move to the right, you're not in the right lane.*

Unsay ngalan niining karsadaha?

What's the name of this street?

Palihog, ipakitaa nako ang lugar.

Please, show me the place.

ako, also naku, genitive. My, by me. Na + aku, abbr. Ku, to me. *Aku na, that is mine. Aku lang. Let me do it. Anak* **naku**. *My son.*

Unsay sakyan nako?

What ride do I take?

Asa ko mosakay ng dyp/bus?

Where do I catch the jeepney/bus?

Asa ko manaog?

Where will I get off?

Pila man ang plete.

How much is the fare?

Mao ba 'ning lugar?

Is this the place?

Mao, often **mau**; preceding subject with predicates. *Mau ni? Is this the one? Mau bitaw. It certainly is.* With no subject: *Nagtuu giyud aku nga kana* **mau**. *I believe that that is the one.*

Liko sa wala, unahan sa taytayan.

Turn left after the bridge.

Liko sa tuo, diha sa kanto.

Turn right at the corner.

Diha, there (far from the speaker, near addressee). *Diha ibutang. Put it down right there.*

Duol sa merkado ang iya ng balay.

His house is near the market.

Iya, from **siya**, gen.

Naa sa atbang sa plasa ng simbahan.

The church is across the plaza.

Naa, short for anaa. Be there (near you). *Naa ba diha ang yawi? Do you have (is there) the key? Naa likod sa merkado ang opisina. The office is behind the maket. Naa sa Atlanta ang pamily ko. My family is in Atlanta.*

Sa kilid sa munisipyo ang ospital.

The hospital is to the side of the city hall.

Naa sa likod sa simbahan ang eskuwelahan.

The school is behind the church.

Leksyon 11: At the market

Unsay gusto nimong paliton ma'am?

Tagpila kini/ni?

Tagpila ang kilo?

Kamahal kayo.

Wala na bay hangyo?

Barato na 'ni.

Pilay gusto mo/nimo?

Piso na lang!

Taga-e ko ug usa ka kilong patatas.

Bayad, o.

Sukli mo.

Unsa po?/Uban?

Sige na.

Modawat mo ug tseke?

Puwedeng makapili?

Patan-awa ko ana?

Puwedeng isukod?

Hugot-hugot ng gamay.

Daku-daku ng gamay.

Sakto kini.

Moku ba ni ug malabhan?

Pila ka yarda ang kuhaon mo?

Pusta, palihog.

Translation and Grammar Notes

Unsay gusto nimong paliton, ma'am?

What would you like to buy, madam?

Tagpila kini/ni?

How much is it?

Kini, short form: **ni**. *Pila man **ni**? How much is it? Mau kinig **kini**, may kanag kana... Because of this and this, and that and that...*

Tagpila ang kilo?

How much is it per kilo?

Kamahal kayo.

It's too expensive. (You are too expensive)

Wala na bay hangyo?

Is there a discount?

Bay is added for emphasis. Review lesson four.

Barato na 'ni.

This is cheap.

Pilay gusto mo/nimo?

How much do you want?

Pila, also with linker y: **pilay**. *Pilay palit nimu sa isda? How much did you pay for the fish? Pila man ni? How much is it?*

Piso na lang!

Make it one peso!

Taga-e ko ug usa ka kilong patatas.

Give me one kilo of potatoes.

S at the end of *patatas* does not indicate plural, same for *kamatis*, tomatoes.

Bayad, o.

Here's my payment.

Sukli mo.

Here's your change.

Unsa po?/Uban?

In there anything else?

Sige na.

C'mon.

Modawat mo ug tseke?

Do you take checks?

The digraph /ts/ reads /ch/ as in check.

Puwendeng makapili?

Can I choose?

Puwede(ng) or pwede(ng)?

No difference. In

conversation the **u**

before the **w** is silent

therefore it's often also

omitted in writing.

Maka/ma prefix denotes an action not yet begun, also with an accidental occurrence. *Makasabot ka ba ug Binisaya? Can you understand Cebuano? Kining akung kita dili* **makadisparis** *sa imung pagtuun. With my salary, I can't afford to pay for your tuition.*

Pata-awa ko ana?

May I see that?

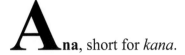**na**, short for *kana*.

Puwedeng isukod?
Can I try it?

Hungot-hungot ng gamay.
It's a little bit tight.

Daku-daku ng gamay.
It's a little bit big.

Sakto kini.
It fits me.

Sakto: it's right.

Moku ba ni ng malabhan?

Does it shrink when washed?

Ma, future verb affix, past: **na**. Ma+labhan.

Pila ka yarda ang kuhaon mo?

How many yards will you get?

Pusta, palihog.

Wrap it, please.

Leksyon 12: Office talks

May miting 'ta sa Martes?

Labing maayo kung tu-a ka.

Hisgutan natu ang family planning.

Magsugod ang miting ala otso sa buntag.

Makig-miting ako sa mga maestra dinhi.

Tu-a na ang guest speaker 7:30 sa buntag.

Labing maayo ug tu-a na 'ta una pa moabot ang guest speaker.

Makaadto ka?

Magkita na lang 'ta didto.

Magpaabot ko nimo.

May party sa balay karong Linggo.

Gusto kong imbitaron ka.

Makaadto ka ba?

Pakuyoga ang imong igsoon nga babae/amiga.

Kasagaran sa atong mga amigo moadto.

Sa Sipt. 10 alas singko sa hapon ang party.

Inato-ato ra god na.

Magpaabot 'mi nimo.

Translation and Grammar Notes

May miting 'ta sa Martes.

We will have a meeting on Tuesday.

May, there is, are, was, were. *May sigariluy ka diha? Do you have any cigarettes on you?*

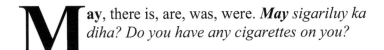

Use the word may (mai) at

the beginning of the

*sentence to say **you***

have** or **there is

something.

Labing maayo kung tu-a ka.

It would be nice to have you there.

Hisgutan natu ang family planning.

We will talk about family planning.

Magsugod ang miting alas otso sa buntag.

The meeting will start at 8 AM.

Makig-miting ako sa mga maestra dinhi.

I will be meeting with the teachers here.

Makig prefix denotes an action not yet begun. The focus of the action is the doer. *Makigbisug ku sa mga kalisdanan sa kinabuhi. I will struggle against life's difficulties. Wala siay **makig-abyan** sa huguyhuguy. He didn't indulge in roaming about.*

Tu-a na ang guest speaker 7:30 sa buntag.

Our guest speaker will be in at 7:30 in the morning.

Labing maayo ug tu-a na 'ta una pa moabot ang guest speaker.

It would be good if we are there before the guest speaker.

Labing, the best, often, the most. *Ang labing maayung midiyus sa imung ubu. The best remedy for your cough. Siay labing datu. He is the richest one.*

Makaadto ka ba?

Will you be able to come?

Magkita na lang 'ta didto.

I'll see you there.

Magpaabot ko nimo.

I'll be expecting you there.

May party sa balay karong Linggo.

There will be a party at (my) house on Sunday.

Gusto kong imbitaron ka.

I would like to invite you.

Ng in **kong/kung** serves as a linker for the mode and the verb that follows. *Siya gustung prisidinti. He wants to be president.*

Makaadto ka ba?

Could you come?

Pakuyoga ang imong igsoon nga babae/amiga.

Bring along your sister/friend.

Kasagaran sa atong mga amigo moadto.

Many of our friends will come.

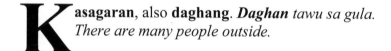

Kasagaran, also **daghang**. *Daghan tawu sa gula.*
There are many people outside.

Sa Sipt. 10 alas singko sa hapon ang party.

The party will be on September 10th at 5 PM.

Sipt. Abbreviation for Siptiyimbri/Siptimbri,
September.

Inato-ato ra god na.

It will be an informal get together.

Magpaabot 'mi nimo.

We will be expecting you.

Leksyon 13: Accepting or declining

Pasensya lang, dili ko makaadto kay.

Dili ko makasiguro nimo kay daghan lo ug buhaton.

Dili ko makaadto kay may miting ko sa opisina.

Sa sunod na lang.

Salamat na lang sa imbitasyon.

Bisitahi mi diri.

Bisitahan ko si Carla.

Hapit una.

Kuyogi.

Manuroy.

Tana, moadto ta sa merkado.

Palihog tabangi ko.

Bisan usan orasa.

Gutom.

Mikaon ka na?

Oo, kaganiha lang.

Mokaon na ba ta karon?

Mugaon ta.

Dali, mangaon ta.

Andam na ang lamisa.

Gusto nimo ang siopao?

Palihog ko'g dunol sa buko.

Lami ang pagkaon.

Palihog kuha pa.

Ganado ko.

Wala koy gana.

Unsay atong pamahaw?

Tapos na tag kaon.

Busog na 'ko.

Sakto na, salamat.

Maayong pagkaon kadto.

Translation and Grammar Notes

Pasensya lang, dili ko makaadto kay.

I'm sorry, I won't be able to come.

---

*You can use the word **ayaw***

to negate something as

imperative tense.

Dili, short is di. Dili, also hardly, barely. ***Dili ku moadto.** I won't go. **Dili puta.** It's not red. **Di ka ba ani?** Don't you like this? **Di ka maglakaw?** Don't you leave? **Ayaw lutua!** Don't cook it!*

Dili ko makasiguro nimo kay daghan ko ug buhaton.

I can't assure you of my presence because i have a lot of things to do.

Buhaton, root of the verb is **buhat**, work/do. On is the verbal affix to emphasize that the object is the focus. *Unsa'y imong **buhaton** dinhi? What will you do there?*

Dili ko makaadto kay may miting ko sa opisina.

I will not able to attend because I have a meeting at the office.

Kay: because. Notice the affix *maka* in **makaadto**, also **makaadtu**, as subjunctive/potential/future. *Bisan pa, di ku **muadtu**. Even so, I will not go. Di ku makigdula **kay** paalaway ka. I will not play because you're quarrelsome.*

So far you have noticed inconsistencies in the language, unfortunately there are. Be patient. because even on publications you will see variations of spelling and grammar fractures.

The best approach is to practice by reading a lot, and, possibly, learn by heart what you can't figure out as a rule. It is a good idea to copy longhand each lesson.

Native speakers of Cebuano Visayan use dialectal differences and they regard as correct whatever forms they are familiar with.

Because Tagalog is the official language, there is, in most provinces, no

Cebuano composition taught after second grade, hence colorful variations are common from area to area especially in Mindanao, Bohol and the Camote Islands.

Sa sunod na lang.

I will try next time. (Make it next time)

Salamat na lang sa imbitasyon.

Thanks for the invitation.

Bisitahi mi diri!

Come visit!

M i, short for kami, us, excluding the listener. See lesson five. Dili mi mubutar ni Duterte.

Bisitahan ko si Carla.   I'm going to visit Carla.

H an is the affix to denote an action not yet begun. *Alkasihan aku nimug diyutai. You will take a small loss on me.*

> The letter **H** (atchai) is
> slightly aspirated in
> sound as in the word
> **horse**.

Hapit una.

Drop in.

Kuyogi.

Please come with me.

Kuyogi, from kuyug, also kuyugi; to go together with. ***Kuyugi** siya kay muhadluk. Go with her because she's scared.*

Manuroy.

Let's take a walk. (walking)

Tana, moadto ta sa merkado.

Come, let's go to the market.

T a, short for kita, we, us, including the person addressed. *Nindut man lagi ta ug sinina run! Aren't we wearing a pretty dress today!*

Mamauway ta ug kadiyot.

Let's rest for a while.

Palihog tabangi ko.

Please help me.

Bisan usang orasa.

Anytime.

Gutom.

I'm ungry. (Ungry)

Mikaon ka na?

Have you eaten yet? (Eat yet?)

Oo, kaganiha lang.

Yes, a while ago.

Mokaon na ba ta karon?

Are we going to eat now?

Magaon ta.

Let's eat.

M **ag**, added to verb as durative or to adjective. *Magmalipayun ta. Let us be happy.*

Dali, mangaon ta.

Come join us.

Andam na ang lamisa.

The table is set.

Gusto nimo ang siopao?

Do you like siopao?

Palihog, ko'g dunol sa buko.

Please pass the coconut.

Lami ang pagkaon.

The food is delicious.

Palihog kuha pa.

Please get some more.

Kuha, get ang bring, and take away. *Magkuha kug tubig para nimu. I'll get some water for you. Kuhaa na ning mga platu. Come, take these plates away.*

Ganado ko.

I have good appetite.

Wala koy gana.

I don't have any appetite.

Unsay atong pamahaw?

What do we have for breakfast?

Tapos na tag kaon.

We're done eating.

Busog na'ko.

I'm full.

Sakto na, salamat.

That's enough, thank you.

Maayong pagkaon kadto.

That was a good meal.

Leksyon 14: Visiting

Nia-a ba ang meyor?

Hain siya miadto?

Magdugay kaha siya?

Unsang orasa siay mobalik?

What will he be back?

Puwede kahang maghulat?

Nangita ko si Mariz.

Nahibawo ka ba kung asa siya nag-estar?

Ako siyang amigo.

Palihog ko ng sulti nga mianhi ko.

Plalihog ko ug sulti nga moblik ko sa 10 PM.

Maayong buntag.

Puwendeng makisulti ni Michel?

Kinsa 'ni, palihog?

Kadyot lang.

Naa ba si Mr Estevez?

Wala siya diri karon.

Miadto siya sa merkado.

Kanus-a siya mobalik?

Palihog, sultihi nga mitawag si Jorge.

Salamat.

Way sapayan, bitaw.

May pakig-historyahan ko sa opisina.

Translation and Grammar Notes

Ni-a ba ang meyor?

Is the mayor in?

Hain siya miadto?

Where is he?

Magdugay kaha siya?

Will he be out for a long time?

Mag, durative, future verb affix, also other uses. There's also the alternative form **maga**. *Magpari tingali ning bataana. This child probably wants to become a priest.*

Unsang orasa siya mobalik?

What time will he be back?

Puwede kahang maghulat?

May I wait for him?

Hulat , wait, also don't do something but do it later. *Hulat kay. Wait for me.*

Nangita ko si Mariz.

I'm looking for Mariz.

Nahibawo ka ba kung asa siya nag-estar?

Do you know where he lives?

Nahibawo ka ba kung...? Do you know if...?

Ako siya amigo.

I am a friend.

Palihog ko ug sulti nga mianhi ko.

Please tell him I came by.

Palihog ko ug sulti nga mobalik ko sa 10 PM.

Please tell him I'm coming back at 10 PM.

Maayong buntag.

Good morning.

Puwedeng makisulti ni Michel?
Can I speak to Michel?

Kinsa 'ni, palihog?
Who's on the line, please?

Kadyot lang.
Hold on.

Naa ba si Mr Estevez?
Is Mr Estevez around?

Wala siya diri karon.
No, he's not around.

Diri, here near the speaker. *Dia siya* **diri**. *He's over here.* **Diri** *lingkud! Sit over here!*

Miadto siya sa merkado.

He went to the market.

Kanus-a siya mobalik?

When is he coming back?

Mobalik or mubalik, also ibalik or balik, return, coming back. *Kanus-a ka man **mubalik**? When will you come back? **Balikun** naku. I'll come back. Uu, **Mubalik** giyud ku. Yes, I will come back again.*

Palihog sultihi nga mitawag si Jorge.

Please tell him that Jorge called.

Salamat.

Thank you.

Way sapayan, bitaw.

You're welcome, indeed.

May pakig-historyahan ko sa opisina.

There's someone I want to talk to at the office.

I storya, talk to/with. The affix **pakig** is added to denote an action or form verbs where someone is engaged in an action of such-and-such. *Ayaw **pakigkita** niyag usab. Don't go to see her. Ayaw **pakigsumbagay** ug gamay. Don't pick a fight with someone smaller than you. Tapuka ang mga saup kay akung **pakigsultihan**. Get the tenants together so that I can have a talk with them.*

Leksyon 15: Requests

Naa kay ang libro?

Pahuwana ko puwede?

Pwede/Siyempre.

Kanus-a man nimi iuli?

Mauli ba nimo unyang?

Dili nako ikapanhuwam nimo ang kay libro akong gamiton.

Ampingi baya na.

Puwedeng huwamon ko ni hangtud unyang gabi-i?

Wala ko ana.

Gihuwaman ni Jorge.

Unsang orasa na?

Alas diyes na.

Ala una y media sa hapon

Unsang adlawa karon?

Lunes karon.

Martes ugma.

Domingo kahapon.

Unsang petsaha sa Biyernes?

Kanus-a ang adlaw nimo?

Ting-meryenda na.

Kanus-a ka molarga?

Kanus-a ka mobalik?

Translation and Grammar Notes

Naa kay ang libro?

Do you have a book?

Kay, because, so or interrogative affix (in this case). *Kay kinsa ba na siya? Is that what he said? Kay nagnu man diay? What do you mean? Kay unsa man diay tu? Isn't that it*

Pahuwana ko puwede?

May I borrow it?

Pwede/Siyempre.

Of course.

Kanus-a man nimi iuli?

When do you think you can return it?

Man is a particle to soften the sentence or make it less abrupt; also used with a statement contradicting a previous statement. *Para asa*

man *ang proyekto nimo? What's your project for? Hain* **man** *siya? Where is she? Di* **man** *na mau. That's not the one.*

The affix -**a** in kanus-**a** or

anus-**a** is added to the

form to indicate time,

in this case future.

Mauli ba nimo unyang?

Can you return it tonight?

Dili nako ikapanhuwam nimo ang kay libro akong gamiton.

I can't lend my book because I'm going to use it.

Ikapanhuwam, also **makapahulam** with the potential future active verb affix **ika** (potential/possibility). The short form, less frequent, is **ka.**

Dili ako **makapahulam** *kanimo. I can't lend you anything. Angay ban a nimung* **ikalagut***? Is that worth getting mad* *about? **Ikapila** man ni ninyung anak? This makes how many children for you?*

Ampingi baya na.

Please take care of it.

Puwedeng huwamon ko ni hangtud unyang gabi-i?

May I borrow it tonight?

Wala ko ana.

I don't have it.

Gihuwaman ni Jorge.

It was borrowd by Jorge.

G i, direct passive past affix. ***Giluto** kini sa akong nanay. It was cooked by my mother. Unsang proyecto ang **giplano** nimo nga buhaton sa ste? What project do you plan to do at your site?*

Unsang orasa na?

What time is it?

Alas diyes na.

It's ten o'clock.

Ala una y media sa hapon.

It's 1:30PM

Unsang adlawa karon?

What's the day today?

Lunes karon.

Today's Monday.

Martes ugma.

Tomorrow is Tuesday.

Domingo kahapon.

Yesterday was Sunday.

Unsang petsaha sa Biyernes?

What date is Friday?

Kanus-a ang adlaw nimo?

When's your birthday?

Ting-meryenda na.

It's time for a snack.

Ting is a prefix added, sometimes without a dash, to something that happens seasonally or during a time of the day. *Ting-adlaw. The hot season.*

Kanus-a ka molarga?

When are you leaving?

Kanus-a ka mobalik?

When are you coming back?

Leksyon 16: Medical attention

Kaalimot.

Katugnaw.

Kahangin.

Murag moulan.

Kakusog sa ulan.

Murag bagyuhon.

Dahang kahoy nga naigo sa kilat.

Nagtaligsik.

Nag-ulan ug kusog kahapon.

Malapok kaayo kay ting-init na.

Alimouot kaayo sa ting-init.

Naunsa ka?

Lain ang gibati/Paminaw ko.

Gikapon ko.

Murag kahilinaton ko.

Sakit ang tutunlan ko.

May sakit ko.

Sakit ang akong ngipon.

Sakit ang likod ko.

Sakit ang li-og ko.

Sakit ang tiyan ko.

Nagkalibang ko.

Katol ang akong tiil.

Gitugnaw ko.

Translation and Grammar Notes

Kaalimot.

It's warm.

*Dili siya makasugakud sa **kaalimot**. He cannot bear the heat.*

Katugnaw.

It's cold.

*Mikigkig siya sa **katugnaw**. He shivered with cold.*

Kahayahay.

It's windy.

There is no verb **to be** in Visayan. Naghilak ang bata. The child is crying (crying the child).

Kahayahay, also **kulyada**, windy weather. Idi maayung ipanagat ug **kulyada**. It's not good to fishing during windy weather.

Murag moulan.

It looks like it's going to rain.

Kahusog sa ulan.

It's raining hard.

Murag bagyuhon.

It looks like a typhoon might be approaching.

Daghang kahoy nga naigo sa kilat.

A lot of tree were hit by lightning.

Daghang tawong nangamatay sa ling.

A lot of people died during the earthquake.

Daghang tawong, a lot of people. *Makabirada tag daghang pasahiru kay tabu. Wa can haul lots of passengengers because it's market day.*

Nagtaligsik.

It's drizzling.

Nag-ulan ug kusog kahapon.

It rained very hard yesterday.

> Notice the **nag** affix to indicate past tense or an
> action still going on. The dash is often omitted,
> it's used to emphasize a slight pause in speech.

Malapok ang karsada kay ting-uwan na.

The road is muddy because it's rainy season already.

Alimuot kayo kay ting-init na.

It's very hot because it's dry season already.

Alimuot kayo sa ting-init.

It's really not in the summertime.

Naunsa ka?

How do you feel?

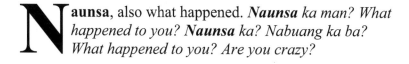

Naunsa, also what happened. *Naunsa ka man? What
happened to you? Naunsa ka? Nabuang ka ba?
What happened to you? Are you crazy?*

Lain ang gibati.

I'm not feeling well.

Gikapon ko.

I'm tired.

Murag kabilinaton ko.

I think I have a fever.

Sakit ang tutunlan ko.

My throat hurts.

May sakit ko.

I'm sick.

Sakit, also in pain. *Ang iyang sakit. His pain. Dili...kay sakit akung tiil. No...because my foot hurts.*

Sakit ang likod ko.

My back aches.

Sakit ang li-og ko.

My neck hurts.

Nagkalibang ko.

I have diarrhea.

Katol ang akong tiil.

My foot itches.

Gitugnaw ko.

I feel cold.

Sometimes the particle **da** is added, to indicate that something new has happened. *Mu ra kug* **gitugnaw da**. *I feel cold. Naglukub ku sa habul kay* **gitugnaw** *ku. I wrapped myselfg in a blanket because I felt cold.*

Leksyon 17: Communication

Una pa.

Usba palihog.

Palihog binaya pagsulti.

Kadiyot.

Ambot.

Wa ko kasabot.

Pangi-a ko?

Ayawlang ug kasuko.

Dili tinuyo.

Tabi una.

Way sapayan.

Salamat.

Tinuod?

Siyempre.

Natural.

Mao kana.

Hinuon...

Kalain!

Bastos!

Buwisit!

Makalogot!

Way bale na.

Dili na mao.

Way kay labot.

Gi-ignan ta ka.

Makauulaw!

Ka usik.

Sala nimo.

Ay sus!

Nganong uadugay ka?

Translation and Grammar Notes

Una pa.

I beg your pardon.

Usba palihog.

Please repeat.

Pahilog binaya pagsulti.

Please speak slowly.

Sulti, saying. The prefix **pag,** pagsulti, is attached to denote a request or command, sometimes added to manner of action root words or to form a verbal substantive. *Kumusta ang* **paguma***? How's farming?*
Andam ka na sa **pagtubag***? Are you prepared to answer?*
Kinsay muandam sa pagkaun? Who will prepare the food?

Kadiyot.

Just a minute.

> Pag or paga before the root makes a future tense or imperative. Pagasulaton ko. I will write. Pagbuhat mo. Work.

Ambot.
I don't know.

Wa ko kasabot.
I don't understand.

Kasabot, also kasabut. ...*Kay di ka* **kasabut**. ...*Because you don't understand. Butul kaayu, dugayng* **makasabut**. *He's stupid, it takes him forever to understand.*

Paagi-a ko?
May I pass?

Ayawlang ug kasuko.

Please don't be offended.

Dili tinuyo.

I didn't mean to do it.

Also, *Wala nako tuyo-a. No intention of mine.*

Tabi una.

Excuse me.

Way sapayan.

You're welcome.

Salamat.

Thank you.

Tinuod?

Really?

Also, *Sigurado ka? Are you sure?*

Siyempre.

Of course.

Natural.
Naturally.

Natural, ang bata muayaw sa inhan. It's natural for a child to cry when he's not allowed to go with his mother.

Mao kana.
So there.

Hinuon...
Well...

Also, **na**, preceding a sentence or situation. *Na, adtu na lang mi. Well I'll be going now.*

Also, **buynu.** *Buynu, ug di ka, ay na lang. Well, if you don't want to, you don't have to.*

Kalain!
How awful!

Bastos!
How vulgar!

Buwisit!

Annoying!

Makalagot!

How irritating!

Way bale na.

That's nothing serious.

Dili na mao.

That's not right.

Wa kay labot.

It's none of your business.

Gi-ignan ta ka.

I told you so.

> Notice the instrumental passive past, **gi.** *Gibantul ka ba diha? Have you gone crazy?*

Makauulaw!

What a shame!

Ka usik.

It's a waste.

Ka: nominative case *you* and adj. Affix used in exclamations. ***Kagwapu*** *sa imung balay! What a beatiful house you have!* ***Kadaku****! How big!* *Kakataw-ana oy! How funny!*

Sala nimo.

It's your fault.

Sala, also, tungod nimo. *It's you responsible for that.*

Ay sus!

Oh, my!

Nganong nadugay ka?

What took you so long?

Leksyon 18: Comments

Basta ikaw.

Kalma lang.

Tapulan.

Buang.

Tanga.

Hambug.

Dili na tinu-od.

Bastos.

Waly uwaw!

Bakakon.

Pasensya lang.

Grasya sa Diyos.

Ginoo.

Pasensiya.

Wa ka mahimo.

Sige, padayon.

Sige lang.

Unsa man karon?

Unsay sunod?

Nindot ang imong sinina.

Guapa ang imong anak, himsog kaayo.

Nindot ang inyong lugar.

Gusto ko dinhi malinawon.

Maayon ka nga kusinera.

Maayo ka mosulti ug Ingles.

Gunahon ko niadtong imong gibuhat.

Gusto ko 'na.

Translation and Grammar Notes

Basta ikaw.

Anything you say.

Basta, also: provided that, if and only if. *Ihatag ku ning risibu* **basta** *bayran ku nimu. I wil give you the receipt provided that you pay me.*

Basta, anything or **basta**

kay, provided that. The

B called **bay**, sounds

like the letter b in back.

Kalma lang.
Relax.

Tapulan.

Lazybones.

Buang.

Crazy.

Buang, also: mad or fool. *Mu ta man na siyag **buang** sa iyang mga kumpas. She seems like a mad woman the way she acts.*

Tanga.

Stupid.

Hambug.

Braggart.

Dili na tinu-od.

That's not true. (In response to flattery).

Bastos.

Rude.

Waly uwaw!

Shameless.

Nagkatampasan ang way **uwaw** *nga inaina. The shameless stepmother is getting more and more abusive.* Uwaw, also ug nawung. *Mibatul ang iyang* **nawung**. *She got to be shameless.*

Bakakon.

Liar.

Pasensiya lang.

Be patient.

Grasya sa Diyos.

By God's grace.

Ginoo.

God willing.

Pasensya.

Patience.

Wa kay mahimo.

You can't do anything about it.

Sige, padayon.

Go ahead.

Padayon, also padayun. *Ipadayun lang, kay akuy mutan birinu sa kambira. Go ahead with it, because I will foot the bills for the feast.*

Sige lang.

Please do.

Unsa man karon?

What now?

Unsay sunod?

What's next?

Nindot ang imong sinina.

You have a pretty dress.

Guapa ang imong anak, himsog kaayo.

You have a beautiful, very healthy child.

Guapa, var. Gwapa, guwapa. **Himsog**, also **himsug**. *Ang **himsug** nga bata lisun kadyug lawas. The healthy child has a well-filled-out body.*

Nindot ang inyong lugar.

Your place is nice.

Gusto ko dinhi, malinawon.

I like it here, it's peaceful.

Maayo ka nga kusinera.

You're a good cook.

Kusinero or **kusiniro**, m. Cook. *Nagdusdus ang **kuniniro** sa dukut sa kaldiru. The cook is scraping off the rice crust in the pot.*

Maayo ka mosulti ug Ingles.

You speak good English.

Ganahon ko niadtong imong gibuhat.

I appreciate what you've done for me.

Gusto ko 'na.

I like that.

Leksyon 19: Short Q&A

Ayaw na lang.

Way kaso.

Way problema.

Ikaw ang bahala.

Nganong dili?

Nagdali ko.

May sinsilyo.

Mao kana?

Sigurado ka?

Tapos ka na?

Human ka na?

Di pa.

Nag-unsa ka?

Nahibalo ka niya?

Ako na.

Dali ngari.

Kinsay kauban?

Dali nako.

Wa ko makahimundom.

Nakalimot ko.

Kaila nako siya.

Unsa kini/'ni?

Unsa kana/'na?

Unsa kadto?

Kang kinsay kuwarta na?

Nganon dili?

Basin pa.

Abe nako.

Translation and Grammar Notes

Ayaw na lang.

Never mind.

Ayaw na lang or **Ayaw lang**, never mind. The **A** called Ah sounds like **A** in alarm.

Way kaso.

No big deal.

Way problema.

No problem.

Ikaw ang bahala.

It's up to you.

Bahala, responsible for, in charge of. *Aku nay bahala sa tanan. I'll take care of everything.*

Nganong dili?

Why not?

Nagdali ko.

I'm in a hurry.

May sinsilyo?

Do you have loose change?

Mao kana?

Should it be?

Sigurado ka?

Are you sure?

Sigurado, also siguradu. *Siguradu,* sure (so and so). **Siguro**, perhaps, maybe, might be, can be used in place of sigurado. *Muadto kas bayli rung gabii?—Siguradu! Will you go to the dance tonight?—Sure?*

*Muadto **siguro** ko. I might go. Wa'y **siguro**. Not sure.
Siguro kaayo kana. That's very sure.*

Tapos ka na?

Are you finished?

Human ka na?

Are you done?

Di pa.

Not yet.

Nag-unsa ka?

What are you doing?

Nahibalo ka niya?

Do you know him/her?

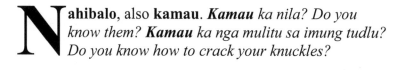

Nahibalo, also **kamau**. *Kamau ka nila? Do you know them? Kamau ka nga mulitu sa imung tudlu? Do you know how to crack your knuckles?*

Ako na.

I'll do it./I'll get it.

Dali ngari!

Come here!

Kinsa kauban?

Who's your companion?

Dali nako.

Come with me.

Dali, come here. Also, easy. ***Dali*** *ra. Please come here. Dali ra kaauy kanang buhatun. It's very easy to do that.*

Wa ko makahimumdom.

I don't remember.

Nakalimot ko.

I forgot.

Naka, prefix, denotes a past action, abilitative mood, opportunity or pure accident. *Nakahum ako sa parmasya. I finishe pharmacy. Didtu mi* **nakaaribada** *sa simbahan pagbagyu. We took refuge in the church during the typhoon.*

Kaila nako siya.

I know him/her.

Unsa kini/'ni?

What's this?

Unsa kana/'na?

What's that?

Kana, that (near the listener, far from the speaker). *Mau kanay akung gustu. That's the one I want.*

Unsa kadto?

What is that over there?

Kang kinsay kuwarta na?

Whose money is that?

Kang, also a dative marker for proper names. *Ihatag kang Pedro. Give it to Pedro. Aku/ako ang nag-ingun kang Maria. I was the one who told Maria.*

Nganon dili?

Why not?

Basin pa.

Maybe.

Basin, also: so and so, it might happen. *...basin ug malimut ka. ...you might forget to do it. Basin ug mahulug ta ka anang kahuy. I hope you fall out of that tree.*

Abe nako.

I thought.

Abe, var. Abi. Thought, took for granted. *Abi nakug tinuud. I thought it was true. Abi nimu? You know what? Abi kay.. Just because...*

Leksyon 20: Remarks and ride talks

Bisun pa.

Unta.

Kita mo.

Sobra na 'na.

Dili ko na.

Way koy oras.

Ayaw ug.

Buhata lang.

Itaas.

Igbaw.

Ubos.

Kilid sa.

Du-ol.

Sa sulod.

Sulod.

Gawas.

Atbang.

Likod.

Taliwa.

Tunga.

Layos sa.

Dinhi.

Diha.

Didto.

Taas.

Ubos.

Atbang.

Para!

Para dinhi!

Sa eskina.

Kini.

Kana.

Kadto.

Sa wala.

Liko sa wala.

Satu-o.

Liko sa tu-o.

Diretso.

Diretso lang.

Translation and Grammar Notes

Bisan pa.

Even then.

Bisan, even, including. *Ang tanan nalisang, **bisan** aku. Everyone was terrified, even me. Wa ku tagai **bisan** usa. He didn't give me any, not even one.*

Unta.

I wish.

Kita mo?

You see?

Sobra na 'na.

That's too much.

Dili ko na.

I don't like that.

Way koy oras.

I have no time.

Ayaw ug.

Don't forget.

Buhata lang.

Do it yourself.

Itaas.

Above.

Igbaw.

On.

Igbaw, on, at the top of something. *Sa **igbaw** sa kahoy. At the top of (on) the tree. Sa **igbaw** sa lamisa. On the table.*

Ubos.

Under.

Kilid sa.
Beside.

Du-ol./Duol.
Near.

Sa sulod.
In.

Sulod.
Inside.

Sulod, in/into/inside. *Adunay ania sa sulod kanako. There's something inside me.*

Gawas.

Outside.

Atbang.

In front.

Likod.

Back/back.

Taliwa.

Between.

Tunga.

Middle.

Layo sa.

Far from.

Layo, far. Var: layu. ***Layu*** *siyag gitungahan gikan sa gisawman.* *The place lhe came up was far from where he dived.*

Dinhi.

There.

Didto.

Over there.

Didto, there. Var. *Didtu*. (Far from addressee and speaker). ***Didtuy*** *tawy sa asiras. There was something there on the sidewalk. Didtuy*; notice the particle y to show grammatical relazion. ***Didtuy*** *dakung swa nga naglikis sa sanga. There was a big snake wound around the branch.*

Didto: there (further),

dinhi: here, **diha**: there.

Taas.

Up.

Ubos.

Down.

Atbang.

Across.

Para!

Stop!

Para dinhi!

Stop here!

Sa eskina.

At/on the corner.

Kini.

This.

Kini, abbr. **'ni.** *Kinsa 'ni? Who's this?*

Kana.

That.

Kana, abbr. 'na. *Unsa 'na? What's that?* Please review lesson 3.

Kadto.

That over there.

Kadto, that or those (pointing to something far from the speaker and listener); var. **Kadtu** or **Katu**, in fast speach. Abbr. To/tu: end of sentence only. Another var. **Kitu**. *Unsa 'to? What's that?*

Sa wala.

To the left.

Liko sa wala.

Turn left.

Satu-o/Sa tuo.

To the right.

Liko sa tu-o.

Turn right. (side)

Liko var. **liku**, turn. **Tu-o**, right. A more common word is **dimanu.** *Mudimanu ta pag-abut sa iskina. We turn right when we reach the corner. Masubay* *ka sa dalan ug **liku** sa tuu sa may mangga. Follow the path and turn right near the mango tree.*

Diretso.

Straight. (Straight ahead.)

Diretso lang.

Go straight. (Just straight.)

Leksyon 21: Time

Milabay ang pila ka adlaw.

Pagkatapos.

Unya.

Hapon.

Usab.

Kanunay.

Sa oras.

Usahay.

Di pa.

Petsa.

Kaadlawon.

Adlaw.

Sunod ugma.

Niadtong usa ka adlaw.

Sa sayo.

Dili pa dugay.

Sayo.

Gabi-i.

Kada.

Kada adlaw.

Kada Lunes.

Tunga/midya.

Karon dayon.

Lang.

Kagabi-i.

Sa miaging semana.

Sa miaging tuig.

Sa makadaghan.

Buwan.

Sa sunod ka tuig.

Udto.

Karon.

Permi.

Sa Martes.

Ka usa.

Panagsa.

Tagsaon.

Dayon.

Dapit na.

Karong buntag.

Beses.

Karon adlawa.

Ugma.

Karon gabi-i.

Hangtud.

Anad na.

Kasagaran.

Mentras.

Kagahapon.

Kagahapon sa hapon.

Translation and Grammar Notes

Milabay ang pila ka adlaw.

A few days ago.

Pagkatapos.

After.

Unya.

And then.

Unya, and then, at a later time. *Mukaun ku **unya**. I will eat later. **Unya** ra na naku buhatun. I'll do it later.*

Hapon.

Afternoon.

Usab.

Also.

U sab, abbr. Sab and sad. Also, as well. *Gitapay usab ang mga bata. They killed the children too. Maayo sab. (I'm) fine too.*

Kanunay.

Always.

Sa oras.

At times.

S a oras/usahay, at times, sometimes. *Muswirti usahay pud ang akung pagisda. Sometimes I turn out lucky in my fishing.*

Usahay.

Sometimes.

Di pa.

Before (an action).

Petsa.

Date.

Kaadlawon.

Dawn.

Adlaw.

Day.

Sunod ugma.

The day after tomorrow.

Niadtong usa ka adlaw.

The day before yesterday.

Sa sayo.

Earlier.

Sa sayo, var. **Una**, earlier. *Akung turnu kay **una** kaauy ku nimu. It's my turn because I was here well before you.*

Dili pa dugay.

A while ago.

Sayo/Sayu.

Early.

Sayo, var. **Sayu**: early. *Sayu ming miabut. We arrived early.*

Gabi-i.

Evening.

Every.

Kada.

Kada adlaw.

Every day.

Kada Lunes.

Every Monday.

Tunga/midya.

Half.

Tunga, half. *Tunga sa takna. Half an hour.* **Tunga**, also: middle. *Tunga sa karsada. Middle of the road.*

Karon dayon.

Immediately.

Lang.

Just/only.

Unya.

Later.

Kagabi-i.

Last night.

Sa miaging semana.

Last week.

Sa miaging tuig.

Last year.

Sa makadaghan.

Many times.

Maka, short form ka. Affix added to numbers to say do so and so, many times. *Makapila (kapila) ku na ikaw ingna? How many times did I tell you?*

Tungang gabi-i.
Midnight.

Buwan.
Month.

Sa sunod ka tuig.
Next year.

Udto.
Noon.

Karon.
Now.

Permi.

Often.

Sa Lunes.

On Monday.

Ka usa.

Once.

Ka usa, once. Var. Kas-a, one time. *Nakaadtu na ku didtu kas-a. I went there once. Absinig kas-a nang klasiha nimu. Just miss your class this one time.*

Panagsa.

At one time.

Tagsaon.

Seldom.

Dayon.

Soon.

Dapit na.

Almost.

Karon buntag.

This morning.

Beses.

Times.

Karon adlawa.

Today.

Adlaw-adlaw, every day. *Makabanga ning buhat nga mau ra gihapun* **adlaw-adlaw**. *Doing the same thing day after day makes one bored.*

Ugma.

Tomorrow.

Karong gabi-i.

Tonight.

Hangtud.

Until.

Anad na.

Used to.

Anad, used to, become fond of, accustomed to. *Ang naandan na niya ang pamakak. She accustomed to lying.*

Kasagaran.

Usually.

Mentras.

While.

The letter **M** (ai-may)

sounds like the English

mama (mah-muh).

Mentras, var. **Myintras** or **mintras**, while, for the time being. *Paglipay **mintras** buhi pa. Enjoy yourself while you're still alive.*

Tuig.

Year.

Kagahapon.

Yesterday.

Kagahapon sa hapon.

Yesterday afternoon.

Leksyon 22: Colors and determiners

Bugkos.

Lata.

Sobra.

Kapin ug.

Diyutay.

Gamay.

Lima.

Puno.

Gisudlan.

Gatos.

Daghan.

Abunda kaayo.

Usa.

Kamada.

Baynte.

Tagbante sentimos kada usa.

Duha.

Duha, baynte singko sentimos.

Tanan.

Intero.

Itum.

Asul.

Kape.

Bulawan.

Berde.

Abuhun.

Orens.

Rosa.

Pula.

Bayole.

Puti.

Dalag.

Translation and Grammar Notes

Bugkos.
Bundle.

Bugkos, var. **Bugkus**, bundle. *Tagtrayinta ang bugkus sa kahuy. Each bundle of firewood costs thirty centavos.*

Lata.
Can.

*The letter **L** (ai-lay) sounds*

like L in latte (lah-tey).

Sobra.
Excess.

Kapin ug.
More than.

Diyutay.

Few, small in amount.

Diyutay, (the trigraph /diy/ reads J as in John: *ju-tay*) also, **gamay**, few, little in amount. ***Diyutaya ang asin. Just use a little salr. Gamay ra ang milabang sa pasulit sa pagkaduktur. Only a few people passed the doctor's examination.***

Gamay.

Little.

Lima.

Five.

Puno.

Full.

Gisudlan.

Filled.

Gatos.

Hundred.

Daghan.

Many.

Daghan, many, much, a lot. *Ug **daghan** may natuntu niya. He cheated a lot of people. ...kay **daghan** mag problima. ...because of many problems. **Daghan** mga batan-un karun nga walay trabahu. There are a lot of young people today who are out of work.*

Abunda kaayo.

Plenty.

Usa.

One.

Kamada.

Pile.

Baynte.

Twenty.

Tagbante sentimos kada usa.

Twenty centavos each.

Duha.

Two.

Duha, baynte singko sentimos.

Two for twnty-five centavos.

Tanan.

Whole.

Intero.

Entire.

Intero, entire, mostly dialectal. **Tanan** and tibuok are more common. *Intrigadu ku* **tanan** *ang akung swildu ngadtu sa akung asawa. My entire salary is handed over to my wife.*

Itum.

Black.

Asul.

Blue.

Kape.

Brown.

Bulawan.

Gold.

Berde.

Green.

Abuhun.

Gray.

Orens.

Orange.

Rosa.

Pink.

Pula.

Red.

Bayole.

Violet.

Puti.

White.

Dalag.

Yellow.

Dalag, var. **Lalag**: yellow, yellow of complexion.
Also **amarilyu**. *Malalag sab ang mata sa
maawasan sa apdu.* Youre eyes get a yellow cast if
you suffer from jaundice. Ug dulaw ipulug **maamarilyu**
ang buluk. *If you duy it with tumeric, it will come out
yellow.*

Leksyon 23: Adj., verbs and nouns

Suko.

Ma-ut.

Guapa.

Angayan.

Dako.

Maampingon.

Pagmatngon.

Limpyo.

Hambug.

Tabunon.

Buoatan.

Malipayon.

Saya.

Matinud-anon.

Mapaubsanon.

Ignorante.

Intelihente.

Pilya.

Malditopilyo.

Pino.

Hinhin.

Sabaan.

Tigulang.

Makalulu-oy.

Matinahuron.

Daru.

Kugihan

Lago.

Hubog.

Puti ug panit.

Nagsubo.

Mubo.

Maulawon.

Hinay.

Gamay.

Isnabera.

Tambok.

Estrikta/estrikto.

Kusog.

Buang.

Bugo.

Taas.

Tabian.

Niwang/daut.

Maut/baul.

Bata pa.

Mabdus.

Translation and Grammar Notes

Suko.

Angry.

The letter **S** (es say); always

harsh, sounds like **SS.**

Ma-ut.
Bad.

Guapa.
Beautiful.

Guapa, f. **Guapo** m. Var. **Guwapa**/o, **gwapa**/o, beautiful. *Gwapa ang babae. The girl is beautiful.*

Angayan.

Pretty.

Angayan, pretty. **Ambung** -an, beautiful, handsome. **Anindut/nindut**, nice, beautiful. *Ambungan kadyu ka anang sininaa Youre are handsome in that shirt. Nindut imung bistidu. You have a beautiful dress. Ay, kandindut sa julak! Oh, what a beautiful flower. Angayan kang magbangs. You look beauiful with bangs.*

Daku.

Big.

Maampingon.

Careful.

Pagamatngon.

Cautious.

Limpyo.

Clean.

Hambug.

Boastful.

Hambug, big talk. *Hambug lang kadtung mga pasalig. Those promises were pure big talk. Gihilasan ku sa iyang* **hambug**. *I find it revolting the way she brags.*

Tabunon.

Dark complexioned.

Buoatan.

Gentleman.

Malipayon.

Happy.

Saya.

Cheerful.

Matinud-anon.

Sincere.

Mapaubsanon.

Humble.

Mapaubsanon, also yanu, simple, humble. *Giyanu niya ang iyang panlihuklihuk. She acted in a simple, humble way without putting on.*

Ignorante.

Ignorant.

Ignorante (dialectal), also **luug** or **liba**, lacking knowledge. *Luug ka man tingali? Are you ignorant?*

Intelihente.

Intelligent/wise.

Intelihente, var. Intilhinti or inilihinti, intelligent. Also (from English, and easy to remenber) **brayt**, mentally quick, clever. *Purus mga **brayt** na sila. They are all intelligent.*

Pilya.

Naughty.

Malditopilyo.

Mischievous.

Pino.

Refined.

Hinhin.

Modest.

Sabaan.

Noisy.

Tigulang.

Old.

Makalulu-oy.

Pitiful.

Matinaburon.

Polite.

Daru.

Rich.

Kugihan.

Diligent.

Kugihan, diligent, hard working. *Matigayun ang tawu nga **kugihan**. A diligent man will prosper.*

Lago.

Dirty.

Hubog.

Drunk.

Puti ug panit.

Fair-complenxioned.

Nagsubo.

Sad.

Mubo.

Short.

Maulawon.

Shy.

Hinay.

Slow.

Hinay, slow. **Hinay-hinay**, slower, rather slow (var. without dash). *Hinay ang umintu su swildu sa maistra. The teacher's raise in salary is slow in coming. Hinayhinay bagbutang ang bata. Put the baby down slowly. Hinay ang tulin sa bangka kun way hangin. The sailboat's speed is slow if there is no wind.*

Gamay.

Small/little.

Isnabera.

Snobbish.

Tambok.

Stout/fat.

Estrikta/estrikto.

Strict.

Kusog.

Strong.

Kusog, also **kusgan**, strong. *Bisan sa bata pa, kusgan na. Even as a child, he was strong. **Kusog** ug buang ang bata. The child is strong and stupid.*

Buang.

Stupid.

Bugo.

Dumb.

Taas.

Tall.

Tabian.

Talkative.

Niwanw/daut.

Thin/slim.

Maut/baul.

Ugly.

Maut/**baut, pangit** (most common slang): ugly. *Dili angay asawa.. **Pangit** ug hitsura. She's not fit to be a wife. She's ugly.*

Bata pa.

Young.

Mabdus.

Pregnant.

Leksyon 24: Being curious

Minyo ka na ba?

Asa imong pamilya?

Dalaga ka pa ba?

Asa ang imong pamilya karon?

Pila ang imong mga igsoon?

Asa imong mga igsoon?

Unsay trabaho sa imong ginikanan?

Pilay edad sa imong amahan ug inahan?

Duna ka ba'y mga anak?

Dili pa.

Dili pa, ulitaw.

Oo, minyo na ako.

Wala pa ako'y anak.

Pila man kabuok ang imong anak?

Pila man ang ilang edad?

Unsay imong trabaho?

Unsay imong trabaho dinhi?

Asa ka nagtrabaho?

Unsay imong buhaton dinhi sa Pilipinas?

Asa ka nagpuyo sa Amerika?

Unsay imong buhaton dinhi?

Unsay klase sa trabaho ang imong gibuhat?

Magtrabho ako dinhi sa eskwela sa duha ka tuig ng
mutabang kami sa mga tawo ug maestro sa barangay.

Translation and Grammar Notes

Minyo ka na ba?

Are you married?

Asa imong panilya?

Where's your family?

Dalaga ka pa ba?

Are you single?

The letter **D** (day) is as the

D (dee) in English.

Dalaga, unmarried woman. **Ulitaw**, bachelor. *Ulitawung gulang. An old bachelor. Gwapa siya apan **dalaga** siya. She's beautiful but she's single. **Dalaga** siya nga nagtrabaho sa usa ka kompaniya nga silingan sa akong gitrabahoan. She was a bachelorette who worked with a company that was close to my work.*

Asa ang imong pamilya karon?

Where's your family now?

Pila ang imong mga igsoon?

How many brothers/sisters do you have?

Asa imong mga igsoon?

Where are your brothers/sisters?

Unsay trabaho sa imong ginikanan?

What does your father and mother do?

Pilay edad sa imong amahan ug inahan?

How old is your father and mother?

Amahan, father. *Nababag ang ilan kaun sa nasakit ang **amahan**. Their meals got to be scanty when their father got sick.*

Duna ka ba'y mga anak?

Do you have children?

Dili pa, ulitaw.

No, I'm still single.

Oo, minyo na ako.

Yes, I'm already married.

Wala pa ako'y anak. (Wala pa ako ang anak.)

No, I don't have any children.

❛ **Y** (apostrophated) is a substitute marker for the omission of **ang**; note the sentence in parenthesis above. *Unsay'y sine sa Robinson's Plasa? What movie are they showing at Robinson's Plaza?*

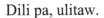

Y (ee) sounds like **ee** in

English at the end of a

word.

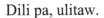

Pila man kabuok ang imong anak?

How many children do you have?

Pila man ang ilang edad?

How old are they?

Unsay imong trabaho?

What's your job?

Unsay imong trabaho dinhi?

What do you here?

Asa ka nagtrabaho?

Where do you work?

Unsay imong buhaton dinhi sa Pilipinas?

What are going to do here in the Philippines?

Asa ka nagpuyo sa Amerika?

Where do you live in America?

Nagpuyo, puyo, var. **Puyu**: reside, live. *Dili ku* **makigpuyu** *ug tawung palaaway. I don't want to live with a quarrelsome person. Asa ka **mupuyo** dinhi sa Pilipinina? Where will you live here in the Philippines?*

Unsay imong buhaton dinhi?

What will you do here?

Unsay klase sa trabaho ang imong gibuhat?

What type of work are you doing?

Gibuhat, also *gihimu*: doing, done. The root is **buhat**: work/job; The prefix GI is to emphasize that the object is the focus. *Unsay'y klase sa trabajo ang imong* **gibuhat** *dinhi? What type of work are you doing here? Ganahon ko niadtong imong gibuhat. I appreciate what you have done for me. Ang kasaypanan nga imung gihimu sa imung bana. The wrongs you have done to your husband.*

Magtrabaho ako dinhi sa eskwela sa duha ka tuig ug mutabang kami sa mga tawo ug maestro sa barangay.

I'll be working for the school for two years and we will help the people and the teachers of this neighborhood.

The letter **G** (hay) has a smooth sound as in English

similar to the esclamation **Ugh** (Əg).

Leksyon 25: Just arrived

Kumusta ang imong biyahe?

Buhi pa.

Pila ka oras ang biyahe gikan sa Amerika?

Gikpoy ka ba sa imong biyahe?

Magdugay ka ba dinhi?

Dugay ka na ba dinhi?

Kanus-a ka niabot dinhi sa Pilipinas?

Diin ka nagtu-on ug Binisaya?

Kinsa ang nagtudlo nimo?

Makasabot ka ba ug Binisaya?

Nagtu-on ka ba ug Binisaya?

Daghan ka na bang naka-onan sa Cebuano?

Makahibalo ka na ba musulti ug Binisaya?

Makahibalo ka na ban nga musulti ug Binisaya?

Asa ka nagpuyo dinhi sa Ozamiz?

Kinsang pamilyaha ang imong ginpuy-an dinhi?

Asa ka mupuyo dinhi sa barangay Aguada?

Asa ka nagpuyo?

Unsay imong nahuman?

Unsang imong gitun-an sa kolehiyo?

Unsay imong kurso?

Unsay imong major?

Tugnaw ba didto?

Muinit ba sab didto?

Unsay panahon karon sa inyo?

Tugnaw ba didto sa Amerika?

Unsa sang panahon karon sa Amerika?

Dusi (12) ka oras ang biyahe gikan sa Dubai.

Tulu (3) ka adlaw pa lang.

Upat (4) ka semana pa lang ako dinhi.

Miabot ako sa Lunes lang.

Usa bulang na ako dinhi.

Translation and Grammar Notes

Kumusta ang imong biyahe?

How was your trip?

Buhi pa.

Still alive.

Pila ka oras ang biyahe gikan sa Amerika?

How long was the trip from the States?

The letter **P** (pay) sounds as

in English.

Gikapoy ka ba sa imong biyahe?

Are you tired from your trip?

Magdugay ka ba dinhi?

Will you be here long?

M ag: affix, durative or subjunctive. ***Magdugay*** *kaha siya? Will he be out for a long time?* ***Magtrabaho*** *ako dinhi. I'll be working here.*

Dugay ka na ba dinhi?

Have you been here long?

Kanus-a ka niabot dinhi sa Pilipinas?

When di you arrive here in the Philippines?

Diin ka nagtu-on ug Binisaya?

Where did you study Cebuano?

N ag, affix, past tense. *Tuon,* var. *Tuun*: teach, study. *Si manuy* ***nagtuun*** *nakug bisiklita. My bro taught me how to ride a bicycle. Di na na* ***tun-an*** *kay sayun da. You don't have to study that because it's easy.*

Kinsa ang nagtudlo nimo?

Who taught you?

Makasabot ka ba ug Binisaya?

Can you understand Cebuano?

Nagtu-on ka ba ug Binisaya?

Are you studying Cebuano?

Daghan ka na ba naka-onan sa Cebuano?

Have you learned much Cebuano already?

Makahibalo ka na ba musulti ug Binisaya?

Do you know how to speak Cebuano?

Musulti, speak. *Hanas siyang **musultig** Binisaya, He speaks Visayan fluently. Ayawg yapayapa ug **musulti** ka. Don't throw your arms around when you talk.*

Asa ka nagpuyo dinhi sa Ozamiz?

Where do you stay in Ozamiz?

Kinsang pamilyaha ang imong ginpuy-an dinhi?

Which family are you staying with here?

Asa ka mupuyo dinhi sa barangay Aguada?

Where will you live here in barangay Aguada?

> The **barangay** is a neighborhood quasi-goverment
> unit headed by a guro/u, or kapitan.

Asa ka nagpuyo?

Where do you live?

Unsay imong nahuman?

What course did you finish in college? (What did you finish?)

Nahuman, finish. *Naku ug imu nang* **nahuman**, *I thought you had finished it already.*

Unsang imong gitun-an sa kolehiyo?

What did you study in college?

Unsay imong kurso?

What course di you study in college?

Unsay imong major?

What's your major?

Tugnaw ba didto?

Is it cold here?

Muinit ba sab didto?

Does it also get hot there?

Unsay panahon karon sa inyo?

What's the season now in your place?

Panahon, var. **Panahun**: weather, season. *Dì ta mularga kay dautan ang **panahun**, We cannot travel because the weather is bad. Huy! Kumusta ang **panahon**? Hey! How's the weather?*

Tugnaw ba didto sa Amerika?

Is it cold there in the States?

Maayo.

Fine.

Maayo man/maayo kaayo.

It was just fine.

Kapoy kaayo.

It was tiring.

Kapoy, var. **Kapuy**: tired, one who is too lazy to do. *Kapuy na ikusug ug dagan. I too tired to run fast. Dì ku musimba kay* **kápuy**, *I won't go to church because I'm too lazy.*

Dusi (12) ka oras ang biyahe gikan sa Dubai.

It's a twelve-hour travel from Dubai.

Tulu (3) ka adlaw pa lang.

I've been here for only three days.

Upat (4) ka semana pa lang ako dinhi.

I've been here for only four weeks.

Miabot ako sa Lunes lang.

I just arrived last Monday.

Usa bulang na ako dinhi.

I've been here for a month now.

The letter **U** (oo) sounds like the /oo/ in

goose.

More Useful Phrases

Unsay inyong gusto?

What do you want?

Unsay imong gikinahanglan?

What do you need?

Unsay imong gipangita?

What are you looking for?

Unsay imong gigamit?

What do you use?

Nagpuyo ubos.

Living below.

Asa ka nagpuyo?

Where did you live?

Pila'y imong edad?

How old are you?

Wala pa gihapoy klaro

It's still not clear.

Wala pa sa isip ko.
I have no idea yet.

Wala pa, bata pa ako.
No, I'm still young.

Taga diin diay ka?
Where are you?

Unsa'y imong buhaton dinhi sa Pilipinas?
What do you do here in the Philippines?

Unsa'y imong trabaho dinhi?
What's your job here?

Unsa gusto mong kan-on?
What do you want to eat?

Giuhaw ka ba?
Are you thirsty?

Gigutom ka ba?

Are you hungry?

Ang papel ay para…
The paper is for…

Daghan mga papel ug mga basahon.
Many papers and books.

Papel de liha.
Sandpaper.

Atong leksyon.
Our lesson.

Mas gusto mga tsinelas.
Prefer slippers.

Ang mga kuaderno namo.
Our notebooks.

Ang manok niya.
Her chicken.

Ang balay nimo.

Your house.

Ang libro nako.
My book.

Asa ang pagkaon?
Where is the food?

Unsa nga klase nga negosyo?
What kind of business?

Motabang ako sa mga tawo dihni.
I will help people in this area.

Ang pamilya ko.
My family.

Unsa ngalan niini?
What is its name?

Nalibog ko unsa akong gamiton ugma.
I was confused about what I was going to use tomorrow.

Nalibog ko ku unsa'y atong buhaton.

I'm confused about what to do.

Nakasabot ko sa imong gisulti.
I know what you say.

Dili ako makasabot sa imong gisulti.
I can not understand what you are saying.

Angay ba nga tabangan?
Should it help?

Unsay angay ko isulti?
What should I say?

Unsa-on ko pagsulti niini sa Bisaya?
How do I say this in Bisaya?

Sakto ba ang Ingles ko?
Is my English okay?

Sakto ba?
Is that right?

Husto ba?

Is it right?

Nahibalo ako.
I know it.

Unsay gisulti nimo?
What do you say?

Hinay-hinay lang.
Just slowly.

Kadiyot lang, Kinsa man.
Just for a moment, Whoever.

Unsa?
What?

Asa ka muadto?
Where are you going?

Makasulti ako ug Binisaya, pero gamay lang.
I can speak Binisaya, but just a bit.

Gamay lang

Just a little

O, makahibalo ako.
Oh, I know how.

Kumusta ang panahon?
How is the weather?

Magtulog kami.
We sleep.

Nalipay ako.
I'm happy

Maayo kaayo.
Very good.

Dinha.
There.

Dinhi lang.
Just here.

Sa eskina lang.

Just at the corner.

Pilay ang pasahe?
How much is the fare?

Unahan sa tindahan.
Forward to the store.

Duol sa City Hall.
Near City Hall.

Sa lungsod.
In the city.

Sige na lang.
Just go ahead.

Kung dili nimo menosan, dili na lang ako mopalit.
If you can not stand it, I will not buy it anymore.

Kung dili nimo...
If you do not ...

Gikapoy ka ba?

Are you tired?

Sa likod.
On the back

Sa tuo.
On the right.

Sa sunod na Sabado.
Next Saturday.

Sa sunod.
Next time.

Sa Lunes.
On Monday.

Kada Lunes.
Every Monday.

Kada adlaw.
Every day.

Kini ang kwarto nimo.

This is your room.

Nia ang resibo sa imong napalit.

Here is the receipt of your purchase.

Nia ang imong resibo.

Here is your receipt.

About the Author

Multiple genres author Alfonso Borello has written drama, thrillers, travel diaries, biographies and essays on history, religion, philosophy, psychology, evolution, cosmos, revolutionaries, inventors, and numerous books in foreign languages and on language learning in Italian, Spanish, Chinese, Tagalog, Cebuano and Thai.

Back to:

Made in the USA
Columbia, SC
24 November 2021